지혜

그리고

향꽂

명상은 자신을 찾아가는
아름다운 모습입니다.
명상은 아름다운
한폭의 삶입니다.
명상은 세상을 바꿀 수 있는
行입니다.

001

향꽃

부끄러워
풀숲 가장자리에서
찬란한 여명이 떠오르자
살포시 미소 지으며
세상에 오셨군요
천만년 인고 속에서
피어오르는
그대의 향기요
영원히 변치 않는
그대의 마음이요
그대의 빛입니다

감사합니다

사랑은
나를 비우는 것입니다
나를 비우지 않으면
진정한 사랑이 아닙니다
욕심을 가지고 다가설 때
사랑은
이미 사랑이 아닙니다
존재하는 것만으로도 감사할 때
비로소
사랑의 시작입니다

감.사.합.니.다

003

인연 따라 만났으니 정중히 맞이하세요
귀하고 아름다운 생명입니다
배 고프면 밥 주고 졸리면 재워주고
아프면 치료해 주세요
존귀하고 아름다운 인연입니다
헤어지면 인연의 끈이 떨어지는 것이 아닙니다
다음 인연을 만들기 위해 잠시 이별입니다
이별은 만남으로 이어지는 시작입니다
가는 인연 아쉬워하지 마세요
오는 인연 생각하며
감사하는 마음으로 섬기세요

감.사.합.니.다

가장 잘 말하는 것은
허물 삼거나 꾸중하지 않는 것이고
더욱 잘 말하는 것은
묵언하는 것이고
더욱더 잘하는 것은
찰나의 미소입니다

감.사.합.니.다

마음을 비운다는 것은
마음을 없애는 것이 아니요
사랑의 마음으로 바꾸어 가는 것입니다
역지사지의 마음으로
배려심으로 行하다 보면
마음의 매듭이 풀어지는 것입니다
마음 없음이 지혜의 참뜻입니다

감.사.합.니.다

006

힘든 수레를 끌고 가던
나그네는 수레가 빈 짐이 되었을 때
가장 행복함을 알고 있듯이
마음의 짐을 내려놓을 때
가장 행복한 사람이 될 것입니다

감.사.합.니.다

007

용서를 구하는 자
그대는 위대한 사람입니다
모든 것이 내 탓으로 이루어집니다

감.사.합.니.다

008

나와 다름을 인정하세요
진실된 마음으로
배려하고 정을 나누세요
계산하지 않고 시비분별하지 않는 마음으로
言.行 일치하세요
그대가 있어
감사함을 생각하세요
세상 홀로 있으면
외롭고 힘들지 않겠습니까?

감.사.합.니.다

009

아름다움이란
영원하지 않기 때문입니다
영원하다면
아름다움 자체도 없습니다
아름다움도 모자람에서 태어납니다

감.사.합.니.다

010

행복한 마음은
감사하는 마음입니다
묵언하는 마음입니다
미소 짓는 마음입니다

감.사.합.니.다

011

자연의 이치를 아는 것은
나를 아는 것입니다
나는 자연의 일부이기 때문입니다

감.사.합.니.다

012

지금 이 순간
마지막 순간입니다
현재는
나에겐 다시 돌아올 수 없는 것입니다
순간 최선을 다하지 못하면
인생의 패배자임을 잊지 마세요
지금은
두 번 다시 올 수 없는 그때임을 기억하세요

감.사.합.니.다

013

진실은
자신을 속이지 않는 것입니다

경험만큼
위대한 스승은 없습니다

감.사.합.니.다

014

순수한 마음이
지혜의 원천입니다
지식은
만들어진 마음의 시작입니다
지식은
상으로 인해 이루어지고
지혜는
상을 없애는 것에서 시작입니다

감.사.합.니.다

015

모든 것 다 놓고
비우고 가세요
어차피
그것이 그것인데
갖지 않은 자 홀가분하지 않은가
그것이 그것인데
비우고 가세요

감.사.합.니.다

016

욕심 있어 눈 있어
보이지 않음은
진정
나를 찾지 못함이라
어리석고 부질없음은
나의 가짐이요
나의 애착입니다
가짐과 애착 없음이
참으로
모든 것 다 가졌음이오

감.사.합.니.다

017

세상에서
가장 아름다운 마음은 사랑입니다
사랑은
낮은 자의 섬김입니다

감.사.합.니.다

018

짐 지고 길 가는 자
어리석은 자입니다
짐 벗고 길 가는 자
지혜로운 자입니다

감.사.합.니.다

019

마음의 우울함은
미움에서 시작입니다
미움은
상대를 인정하지 못함입니다
인정하지 못함은
교만심에서 시작입니다

감.사.합.니.다

크게 사랑하고
크게 가엾이 여기고
크게 기뻐하고
크게 비우고
그것이
지혜의 원천입니다

감.사.합.니.다

021

지혜의 길을 가고자 하면
진실한 마음을 가져야 합니다
진실한 마음은
자신을 속이지 않으며
상대를 배려합니다

감.사.합.니.다

시작과 마지막은
마음과 마음으로
이루어집니다
마음의 시작을 어떻게
풀어 가야 할 것인가
그것이
마지막 마음입니다

감.사.합.니.다

023

비움을 이야기 함은
진실성을 구하기 위함입니다
진실한 마음의 실체는
하심에서 시작입니다
비우지 못하는 마음은
진실한 마음을 찾지 못합니다
진실한 마음은
청정심에서 시작입니다

감.사.합.니.다

024

미움을 미움으로 생각하면
미움은
영원히 미움으로 남는 것입니다
배려의 마음을 가지세요
어리석음이 없어질 것입니다

감.사.합.니.다

한 호흡에
감사하는 마음이
진정한
삶을 아는 것입니다

감.사.합.니.다

026

최고의 에너지는
사랑에서 시작입니다
사랑은
行에 行 없음입니다
行의 시작은
섬김에서 완성입니다

감.사.합.니.다

_027_

우리가 사는 세상이
완전하지 않는 것은
생로병사가 있기 때문입니다
완전함을 추구하는 것은
생사일여와 하나일 때입니다

감.사.합.니.다

028

마음을 찾고 구하는 이유는
나를 찾는 시작입니다
나를 모르고 사는 것은
어둠의 세상을 사는 것입니다

감.사.합.니.다

029

길 가는 자
물 흐르듯 가세요
모든 답은 물에서 찾으세요
물은 생명 자체입니다

감.사.합.니.다

사람을 사귈 때
애욕을 갖지 마세요
사랑하되
집착하지 마세요

감.사.합.니.다

031

가슴 아프게 하지 마세요
허물을 이야기하지 마세요
어리석은 行입니다

감.사.합.니.다

032

철학은 생명입니다
생명의 근원을 알면
철학의 완성입니다

감.사.합.니.다

033

얻고 구함이 없는 자
가장 뛰어난 지혜를
얻은 자입니다

감.사.합.니.다

지혜로운 사람은
죽기 전에 집착을 끊고
탐.진.치를 멸한 사람은
미래의 걱정이 없는
가장 편안한 사람입니다

감.사.합.니.다

035

성인은
허물을 아는 것입니다
허물을 아는 것은
지혜를 아는 것입니다

감.사.합.니.다

036

세상에서 가장 어려운 것은
없는 길을 찾아가는 것입니다
그것이
지혜의 길입니다

감.사.합.니.다

037

삶에서
잠시 필요할 뿐이지
영원한 것은 한 티끌도 없습니다

감.사.합.니.다

038

시기와 질투는
어리석음에서
시작입니다

감.사.합.니.다

039

난폭하게 운전하지 마세요
앞차에는 가장 귀한 분이
계시니까요

감.사.합.니.다

사랑의 뿌리는
소중함에서
귀함에서
이루어집니다

감.사.합.니.다

머리와 가슴이
하나 되지 못함은
머리를 숙이지 않기
때문입니다

감.사.합.니.다

042

세상과 하나 되지
못함은
내가 있어
소통하지 못함입니다

감.사.합.니.다

043

사랑은
소중함을 아는 것입니다
소중함은
생명보다 귀함입니다

감.사.합.니.다

044

癌(암)은
마음의 집착에서 시작됩니다
집착의 마음만 소멸하면
암도 사라집니다
그것을
자연치유라 합니다

감.사.합.니.다

우울증은 병이 아닙니다
습관에서 오는 것입니다
습관만 바뀌면 우울증은
저절로 사라집니다

감.사.합.니.다

죽어서 죽음은
씨앗의 덩어리입니다
살아서 죽음은
씨앗의 발아입니다

감.사.합.니.다

과거 현재 미래는
하나입니다
과거 현재 미래를
하나로 하지 못해
알 수 없는 것입니다
하나는
청정심에서 얻어지는 것입니다

감.사.합.니.다

자신을 사랑하는 사람이
상대를 사랑합니다
한 호흡에 감사하세요

감.사.합.니.다

세상은
아름다움입니다
진정
사랑하세요
그리고
감사하십시오

감.사.합.니.다

050

생명의 근원을
아는 순간
세상의 진리는
한낱 물거품입니다

감.사.합.니.다

051

우주의 운행도
법칙이 있듯이
사람의 운행도
공식이 있습니다
사람의 공식은
생.로.병.사입니다
생.로.병.사의
비밀을 알면
우주의 비밀도
알 수 있습니다

감.사.합.니.다

052

그대의 마음은
영원한 청정심입니다

부족함은
찾고 구함에서
만들어집니다

감.사.합.니.다

비움은
'나'라고 생각하는
모든 것을 멸하는 것입니다
세상에서
가장 청정하고
순수한 이야기

감.사.합.니.다

내 것이 아닌 것을
모두 비우세요
그러면
끝없는 지혜를
얻을 것입니다

감.사.합.니.다

055

언어의 소통은
세상의 문을 여는 것입니다
소통은
세상의 문을 여는 첫 발자국입니다
소통은
듣는 것에서부터 시작입니다

감.사.합.니.다

싫은 소리
감로수 마시듯 듣지 못하면
어리석은 사람이오
나를 힘들고 어렵게 하는 이
세상에서 가장 위대한 스승이라오
그분을
하늘같이 섬김을 하십시오

감.사.합.니.다

057

생사는
시작과 끝이 없습니다
영원한 것입니다

감.사.합.니.다

마음을 크게 키우는 것은
가진 것을 비우는 순간
마음의 면적이 그만큼
넓어지는 것입니다
마음은 세상을 담고 넘치는 그릇인데
많은 생각과 집착으로 황폐화되었습니다
하나하나 정리하다 보면
나도 모르게 세상을 담을 수 있는
그릇으로 변모합니다

감.사.합.니.다

059

삶이
힘든 것은
집착에서
오는 것입니다

감.사.합.니.다

지혜가
없는 마음은
어둠 속에서
미로를 헤매는 것입니다
지혜에 의지하고
지식에 의지하지 마세요
지혜는
청정심에서 이루어집니다

감.사.합.니.다

061

비움은
작은 행위가 아닙니다
비움은
완전함을 추구하는 철학의 원천입니다

감.사.합.니.다

062

인연은 그냥 오는 것이 아니요
나로 인해 行해지는 것이니
업을 짓지 마세요
그 대가는 그림자와 같습니다
미워하는 마음 갖지 마세요
미움은
자신의 미움이요 원망이오
그냥
미소 지으세요

감.사.합.니.다

홀로 길 갈 때는
감사함이 없지만
둘이 길 갈 때는
감사함이 근원입니다

감.사.합.니.다

물소리 바람소리
나를 잊게 하고
세상과 광명은
하심을 이야기하고
아름다운 세상은
생명을 알게 하네

감.사.합.니.다

065

삶은
진실만 있을 뿐입니다
진실은
자신을 속이지 않음입니다

감.사.합.니.다

066

이곳은
욕심이 없고
미움도 없네
서로서로 먼저 생각하고
따뜻한 미소만 있는 곳입니다
이곳은
사람이 없기 때문입니다

감.사.합.니.다

세상은 완전함인데
세상을 탓하는 내가 있구나!

감.사.합.니.다

068

미소로 말하고 미소로 답하세요
웃는 얼굴은 무엇이든지 할 수 있어요
미소는
세상의 근원입니다
가장 아름다움은
찰나의 미소입니다

감.사.합.니.다

사랑의 이름으로
미움과 질투심으로
불행을 짓는 것입니다
사랑은 낮은 자의 마음입니다
섬김으로 行하세요

감.사.합.니.다

지혜는
찾는 것이 아닙니다
비움에서 시작입니다
'나'
없음에서 시작합니다

감.사.합.니.다

071

세상의 모든 것은
원으로 돌아감이요
돌아갈 수 있는 조건은
지혜로부터 시작입니다

감.사.합.니.다

모두가 보이는 것은
가짐이요 허상이오
나그네여
길에서 길 찾지 말고
그냥...

감.사.합.니.다

세상은
아름다움입니다
하심과 섬기는
사람이 있기 때문입니다

감.사.합.니.다

074

지혜는
살아가는 길에
어리석음을 멸하는
이정표이며 등대의 빛입니다
지혜를
갖춘 분은 어둠에서
등불을 밝히는 사람입니다
지혜는
어리석음을 멸하는 조건입니다

감.사.합.니.다

참회하세요

또 참회하세요

그리고 참회하세요

이것만이 세상에서 할 일입니다

그러면

그대는 세상의 주인입니다

감.사.합.니.다

세상의 문제는
너와 나
따로이기 때문이오
낮은 자가 되면
저절로 문제는 해결되는 것입니다

감.사.합.니.다

077

상대를 볼 때는
눈으로 보는 것이 아니라
마음으로 느끼세요
그러면
상대와 하나 되는 것입니다

감.사.합.니.다

학문의 뿌리는
지혜에서 시작이며
지혜를 알지 못하고
한 걸음 갈 수 없음입니다
지혜의 뿌리는 생명이기 때문입니다

감.사.합.니.다

079

어리석음을 아는 것이
지혜의 발견입니다

감.사.합.니.다

비우면 새로운 것이
채워집니다
채워지는 것은
지혜라 합니다

감.사.합.니.다

081

탐욕의 마음을 벗어나라
시비분별의 마음을 벗어나라
집착의 마음을 벗어나라
이것이
마음이 없음입니다

감.사.합.니.다

082

세상에서
가장 큰 스승은
나의
단점을 이야기하시는
분입니다

감.사.합.니.다

083

지혜의 시작은
상대로부터 시작입니다
상대를
하늘같이 섬김을 하세요
섬김은
낮은 자의 마음에서 시작입니다

감.사.합.니.다

세상이 보이지 않음은
그대의 어리석음에서
만들어 지는 것입니다

감.사.합.니.다

탐욕은
찾고 구하는 마음입니다
성냄은
상대를 배려하지 않는 마음입니다
어리석음은
비우지 못한 마음입니다

감.사.합.니.다

086

지혜는
세상의 단비입니다
단비는
세상의 생명을
이루는 것입니다

지혜는
맑은 물과 같습니다
세상을 볼 수 있는 혜안입니다

감.사.합.니.다

087

부모는
지혜롭고 거룩한 이름입니다
생명을 나눌 수 있는 이름입니다
세상 근원의 이름입니다

감.사.합.니.다

088

세상 떠날 때
가지고 갈 것 없습니다
찾고 구함이 무슨 소용이 있겠습니까?
마음 한 점 찾으면
그대가 주인인 걸
그것이
세상 온 사연인데
그것마저...

감.사.합.니.다

세상은 아름다움입니다
진정
사랑하세요
그리고
감사하세요

감.사.합.니.다

상대를 인정하지 못하는 마음은
교만한 마음에서
이루어 지는 것입니다
교만한 마음은
어리석음에서 시작입니다

감.사.합.니.다

하심은 낮은 자의 마음입니다
낮은 자의 마음은
상대의 마음을 아는 것입니다
상대의 마음을 아는 것은
하나의 마음이 되는 것입니다
하나의 마음은 섬김입니다

감.사.합.니.다

삶은
채우는 것이 아니며
삶은
비움에서 이루어집니다

감.사.합.니.다

사랑은
섬김의 완성입니다
사랑은
세상에서 가장 낮은 자의 마음입니다
사랑은
行에 行 없음입니다

감.사.합.니.다

비움을 行하기 위해
첫 번째 마음은
진실함에 있습니다
진실함은
자신을 속이지 않습니다

감.사.합.니.다

095

자연이
위대한 것은
모든 것을
나눌 수 있기 때문입니다
그것은
모든 것을
담을 수 있기 때문입니다

감.사.합.니.다

세상에서
고귀하고
존귀한 것은
생명입니다
생명은
마음에서 싹이 틉니다
싹은
正心正行에서
이루어 집니다
正心正行은
가장 낮은 자 마음에서
세상 섬김에서 이루어집니다

감.사.합.니.다

097

'나'라고
내세울 것 없음을
잊지 말아야 할 것입니다

감.사.합.니.다

낮은 곳으로
가장 낮은 곳으로
세상 가장 낮은 곳으로
그곳에
그대의 마음
참으로 있다오

감.사.합.니.다

어리석은 사람은
상대 탓하고
지혜로운 사람은
내 탓으로 인정합니다

감.사.합.니.다

자식을 육아 하는 사람은
열심히 키우면 되는 것이지
부모가 되려고 한다면
아이를 제대로 키울 수 없습니다

감.사.합.니.다

101

본디 이 세상 내 것이 없는데
무엇이 내 것이고 내 것이 어디 있습니까?
빈손으로 왔다 가는 것이 법이거늘
무슨 마음으로 애착과 집착을 가질 것입니까?
모두가 허망인 것
한 생각도 허망인 것을
이 세상 한낮 물거품인 것을...

감.사.합.니.다

지혜는
하늘과 땅의
소통입니다

감.사.합.니.다

사랑은
생명의 실천입니다
생명은 낮은 자의 마음입니다
사랑은
자신을 완성하는
순수한 行法입니다
사랑은
상대와 하나 되는
마음입니다

감.사.합.니.다

무소유

아무것도 갖지
말라는 것이 아닙니다
불필요한 것을 갖지
말라는 것이 아닙니다
가진 것을 나눔에 있습니다

감.사.합.니.다

105

의심하지 마세요
자신을 믿고 길을 가다 보면
자신의 꽃을 피울 것입니다
자신은 주인이기 때문입니다

감.사.합.니.다

사람이 사는 길은 일직선이 아닙니다
꺾어진 길도 아닙니다
만물이 형성되는 사랑의 길입니다
사랑의 길은 둥근 원이랍니다
마음도 둥근 원의 마음이랍니다
모든 것을 포용할 수 있는 그릇입니다

감.사.합.니.다

107

행복은 구하고
찾아내는 것이 아니고
삶의 무게를 내려놓는 순간에
행복이 찾아오는 것입니다

감.사.합.니.다

사랑의 실천이
생활의 완성입니다
사랑하세요
또 사랑하세요
그리고 사랑하세요
사랑은
모든 것을 포용할 수 있는
마음입니다

감.사.합.니.다

109

묵언으로 말하시고
미소로 답하세요

감사합니다

명상은 자신을 찾아가는
아름다운 모습입니다
명상은
아름다운 한 폭의 삶입니다
명상은
세상을 바꿀 수 있는 行입니다

감.사.합.니.다

///

명상은
세상에서
가장 감사한 言行입니다
자연은
순수한 지혜 도량입니다
자연은
위대한 어버이의 마음입니다
자연은
생명의 숨결입니다

감.사.합.니.다

112

자신의 모자람과 어리석음을 탓하지 마세요
모자람과 어리석음을 아는 것이
세상에 이르는 길입니다
부족함에서 완전함을 아는 것입니다
사람으로 태어남을 귀하고 감사하게 생각하십시오
모자람을 아는 마음은
하심에서부터 시작입니다
지혜로운 자는 모자람을
감사하게 생각합니다
현명한 자여
그대 이름은 모자람에서부터
생긴 것을 잊지 마세요

감.사.합.니.다

113

오온이 공하다는 것을 알고
몸과 마음을
티끌 없이 하여
청정한 마음으로
지혜의 씨앗을 얻어 꽃을 피우면
우담바라가 아니겠습니까?

감.사.합.니.다

114

행복한 사람은
모든 것에 감사하는 사람입니다
부족함에 모자람에 감사해 보세요
감사함에 감사를 아는 사람은
영원히 행복한 사람입니다

감.사.합.니.다

115

실패라는 단어는
이 세상에 없습니다
실패라는 말은
멈추는 순간 실패일 뿐입니다

감.사.합.니.다

하늘은 이름 없는 꽃을 주지 않습니다
세상에서 필요한 역할과 자격을
가지고 태어났습니다
사람이 세상에 온 것은 완전함을
이르기 위해서입니다
완전함은 사랑입니다
사랑은 생명의 불꽃을
만들 수 있기 때문입니다

감.사.합.니.다

대 자연은 어머님 마음입니다
사랑이 넘쳐 자식 돌보듯이
行을 하면
그대는
위대한 성자입니다

감.사.합.니.다

118

미소
짓는 마음이
그대를
안락하게 합니다

감.사.합.니.다

119

길에서 길 찾지 않고
길에서 길 가다 보면
세상은 저절로 다가오나니

시비분별 끊어지면
지혜는 저절로 다가오나니

세상을 섬기다 보면
생명의 근본은 저절로 다가오나니

감.사.합.니.다

빈손으로 왔는데
무엇을 구할 것인가
탯줄이 끊어지는 순간부터
고행이 시작되는 것인데
찾고 구하는 마음에서
고행이 시작되는 것이라
비움의 삶을 살다 보면
행복의 시작이라
세상마저 비우는 것을
하물며
그 무엇을 비우지 못할까

감.사.합.니.다

121

나를 힘들게 하는 자
세상에서 둘도 없는 위대한 스승입니다
섬김으로서
그분을 맞이하여 주십시오
그러면 그대는
위대한 스승의 자리에 도달할 것입니다

감.사.합.니.다

122

상대가
세상의 주인임을 잊지 말고
항상 섬기고 사랑하세요
나는
세상에서 가장 낮은 자임을 잊지 마세요

감.사.합.니.다

삶 앞에 불어오는 거센 바람을
두려워하지 마세요
시련과 고통은
내가 극복할 수 있는 만큼만 다가옵니다
그것을 극복할 수 있는 사람에게만
그만큼 지혜로운 자로
거듭 태어남입니다
시련 고통은
세상에서 가장 큰 스승입니다
스승님을 섬기십시오

감.사.합.니.다

124

빈손으로 와서
빈손으로 갈 것을
무엇을 가지려고 이다지 힘들게 살고 있소
어차피 빈손에서 빈손 아니오

감사합니다

125

밤 하늘
별이 빛나는 이유는
어둠이 있기 때문입니다
어둠은 끝없는
하심에서 시작입니다

감.사.합.니.다

126

자연이 사람보다 아름다운 것은
묵언하기 때문입니다
묵언은 시비 분별심이 없기 때문입니다
사람이 아름다운 것은
사랑하는 마음이 있을 때입니다
사랑은 섬김의 시작입니다
섬길 때 사람은 세상에서 가장 아름다운
보석입니다
行에 行 없음입니다

감.사.합.니.다

127

마음을 비우세요

그러면

그대로 이루어 질 것이오

감.사.합.니.다

무엇을
바라지 마세요
그대를 위해
무엇을 할 것인가
생각하고 行하십시오
지금
두 번 다시 올 수 없는
그때임을 기억하세요

감.사.합.니.다

129

찾지 말고
구하지 마세요
현재에
감사하세요

감.사.합.니.다

세상에서
가장 아름다움은
기다림의 마음입니다
기다림
아름다운 미학입니다

감.사.합.니.다

빈손으로 와서 빈손으로 가는 것
그것이 인생입니다
태어날 때 어디에서 오며
떠날 때는 어디로 가는가
태어남이란
한 조각 뜬구름이 일어나는 것입니다
죽음이란
한 조각 뜬구름이 사라짐입니다
뜬구름은 본래 없는 것입니다

감.사.합.니.다

132

찾고 구하는 마음은
불행의 씨앗입니다
비우는 마음은
행복의 시작입니다

감.사.합.니.다

133

행복은 비움의 근본입니다

비움 없이 행복은 없습니다

불행의 시작은 가짐에서 시작입니다

탐욕은 끝이 없습니다

다 갖지 못해 불행은 끝이 없습니다

비움의 시작은 완전함을 채울 수 있습니다

비움은 감사할 수 있는 마음입니다

비움은 없음에 감사할 수 있는 마음입니다

진정한 행복은

행복이란 마음조차 없음에

행복이라 합니다

감.사.합.니.다

134

명상은
어둠에서 밝음으로
탐욕에서 자비심으로
집착에서 보리심으로
동심의 마음으로
티끌 없는 마음으로
아름다운 한 폭의 삶으로
세상에서 가장 감사한
言.行입니다

감.사.합.니.다

상대의 미움은
자신의 미움입니다
그냥
미소 지으세요

감.사.합.니.다

136

상대의 허물을 보는 것은
내 허물이 있음이라오
상대의 모자람을 이야기함은
내 부족함이라오
옳고 그름을 이야기한다면
그것 또한 내 부족함이라오

감.사.합.니.다

나의 본연의 모습은

거울에 비춰 진 모습입니다

거울은 스스로 아무것도 선택하지 않습니다

나라는 마음은

이것이다 저것이다 분별합니다

그것이 망상이요 집착입니다

거울은 그 모습 그대로 비출 뿐입니다

그것이 실체의 나의 모습입니다

감.사.합.니.다

138

세상이 아름답게
느껴지지 않는 것은
사랑하는 마음이 부족하기 때문입니다
부족의 원인은
배려하는 마음과 하심의 마음이
부족하기 때문입니다

감.사.합.니.다

139

길에서 길 찾지 말고
길에서 길 가라
사람이 사람일 때
참이어라
사람 섬김을 하늘같이 하라

감.사.합.니.다

미움과 원망 없이
기다리는 마음만으로
삶은 아름다운 것입니다
탐욕의 세상에서 양보하고
모자란 듯 사는 것도
아름다운 한 폭의 세상입니다
억울한 일이 생겨도 시비 분별하지 말고
기다리면 저절로 시비 분별이 해결됩니다
아픔은 나를 더욱 더
성숙하게 길을 가게 합니다
아픔을 성숙으로 이루면
아픔도 미소를 짓게 합니다

감.사.합.니.다

141

부족함에 감사하라
모자람에 감사하라
없음에 감사하라

감.사.합.니.다

142

용서는 청하는 것이요
용서는 구하는 것이요
상대를 용서한다는 것은
교만의 극치이어라
용서는 신의 영역이어라
사람은 용서를 청하는 자리이어라
상대는 위대한 스승이기 때문입니다

감.사.합.니.다

자신이 부족함을 알 때
그것에서 벗어날 수 있을 것이라
알지 못하면
영원히 헤어날 수 없음이라

감.사.합.니.다

144

지혜의 뿌리는
진실에서 시작입니다
진실한 마음만 길을 갈 수 있습니다
진실한 마음은 낮은 자에게만
찾아옵니다
자신을 속이지 않는 마음이
진실한 마음입니다

감.사.합.니.다

하심을 잊지 마세요
세상에서 가장 아름다운 마음입니다
하심은
생명의 씨앗입니다
하심의 마음은 섬김의 완성입니다
생명은 섬김에서 이루어졌습니다
그대의
생명은 하심에서 시작입니다

감.사.합.니.다

146

"산은 산이요 물은 물이요"

시비분별과 집착이 끊어져
있는 그대로 형상을 보는 마음입니다

감.사.합.니.다

147

지혜는
과거
현재
미래를
하나로 만드는 것입니다
하나는
시공을 초월하여
오고 감이 없는 것입니다

감.사.합.니.다

148

세상에 오신 이유는
고귀한 생명을
더욱더 아름답게 하기 위해
이 땅에
오신 것입니다

감.사.합.니.다

149

세상의 문제는
너와 나
따로이기 때문이요
낮은 자가 되면
저절로 문제는 해결되는 것입니다

감.사.합.니.다

150

어차피
이 땅은 내 것이 아니오
아닌 것 알면서 미련도 많구려
나그네여!
어차피
이곳의 주인은
따로 있고
당신은 나그네요

감.사.합.니.다

151

비움 만큼
나를 알고
비움 만큼
세상이 보이고
비움 만큼
길을 아는 것입니다

감.사.합.니.다

길이란
미래의 실체이어라
길을 아는 법은
길에서 길 찾는 것이 아니요
길에서 길 가는 것입니다

감.사.합.니.다

153

지식은 완전한 것이 아닌
허상의 세계입니다
내가 가지고 있는 현실의 잣대입니다
현실의 잣대는 시비분별이며 알음알이입니다

감.사.합.니.다

154

참회는
살아온 허물을 청산하고
새로운 세상을 맞이하려는 마음입니다
자신의 모든 것에 대한 용서 구함입니다
살아가는데 걸림이 없는 마음을 추구하는
첫 번째 선입니다

감.사.합.니.다

말하고 말 없음이
그것이 참인데
보고 본 것 없음이
그것이 빛인데

감.사.합.니.다

156

가을에 떨어지는 낙엽을 보면
비워야 하는 것이 생명의 실천입니다
떨어지지 않는 낙엽은 이 세상에 없음이요
비울 수 있어야 새봄에 아름다운
새싹을 피울 수 있음이라오

감.사.합.니.다

157

가장 낮은 자가 되십시오
그리하면
세상과 하나가 될 것입니다

감.사.합.니.다

지혜를 알기 위해서는
사랑하고
사랑하기 위해서는
자신을 사랑하고
자신을 사랑하기 위해서는
자신을 비워야 합니다

감.사.합.니.다

159

소통의 시작은
상대 배려에서
이루어지는 것입니다

감.사.합.니.다

160

마음 따라
이리저리 흔들리지 마세요
마음을 잘 다스려서
부드럽고 순하고 고요함을 지니도록 하세요
마음이 하늘도 만들고 사람도 만들고
지옥도 만들고 극락도 만듭니다
그러니
마음을 쫓아가지 말고
항상 마음의 주인이 되도록 노력하세요

감.사.합.니.다

161

모든 것
내 안에서 만들어지는 것

모든 것
해결도 내 안에서 시작되는 것

감.사.합.니.다

162

상대의 좋은 생각만 합니다
상대의 좋은 점만 생각합니다
상대의 감사함을 항상 생각합니다

감.사.합.니.다

어리석음에 세상 찾아 헤매이며
집착의 고통 속을 헤매이며
탐욕에 가슴 아파 헤매이며
길 몰라 헤매인다
찾아서 구해서 점점 멀어지고
한 순간 일체 티끌 없는 마음 찾으면
세상의 주인 자리 알게 되네

감.사.합.니.다

164

샘물의 원천은 마음이고
물은 생각이라 합니다
샘에서 솟는 물은 하나로 솟았지만
인연에 따라 갖가지 모습으로 태어납니다
마음을 어디다가 쓰느냐에 따라
사랑도 미움도 함께합니다

감.사.합.니.다

165

견성이라 함은
사람의 성품을 아는 것입니다
타고난 성품이 '나'라는 개체입니다
'나'를 아는 것이 사람의 성품을 아는 것입니다
'나'를 알고 그것이 行으로 이어지면
그것은 하심의 결정체입니다
하심의 마음이 사랑의 마음입니다
그것을 行하는 마음이 생명입니다
行으로 세상에 나타냄이 섬김입니다

감.사.합.니.다

166

지혜는
사람을 구하고
사람은
세상을 구함입니다

감.사.합.니.다

감사할 줄 아는 사람은
항상 감사함에 만족하고
감사함에 감사하면
항상 감사한 일만 생깁니다

감.사.합.니.다

수행의 근본은
무명을 없애는 것입니다
무명을 없애고 나면
그 순간 지혜가 드러납니다
일체 모든 것을 비우고 또 비우면
남는 것이 있다면 바로 지혜입니다
지혜는
일체 티끌 없는 마음자리입니다

감.사.합.니.다

사람은
보고 듣고 배워서 안 것을
자기 마음이라 생각합니다
자기 마음을 내세워 주장합니다
이것이 무명입니다
무명은 지혜가 없는 마음입니다

감.사.합.니.다

170

찾고 구하는 자는
어리석은 자이며
비우고 또 비워 비움조차 없는 이
그대는 세상의 주인입니다

감.사.합.니.다

/7/

사람으로 이 세상 온 것은
완전하지 못하기 때문에
이 세상 오신 것을 잊지 마세요
세상에서 부족한 것을 채우려 온 것을
자각하여 모자람을 찾아 채우면
그대가 참입니다
찾는 자 찾을 것이고
行하는 자 行할 수 있는 지혜를 찾을 것입니다

감.사.합.니.다

지혜의 실체는 청정심입니다
청정심은 한 생각 한 티끌 없음입니다
지혜의 그릇으로 진리를 담을 수 없다면
지혜라 할 수 없음입니다
지혜는 진리를 찾을 수 있는 그릇입니다
지혜와 진리는 하나인 것입니다
지혜를 얻는 자만이 진리를 구할 수 있음입니다
지혜와 진리는 영원히 함께 가야 할
영원한 동반자입니다

감.사.합.니.다

173

고인 물은 언젠가는 썩기 마련이듯이
마음도 멈추면 그와 같이 황폐해집니다
흐르는 물은 항상 맑고 깨끗하듯이
마음도 그와 같이 청정심을 일으키면
맑고 깨끗한 마음을 가꿀 수 있음입니다

감.사.합.니.다

174

行을 실천하고
섬김을 하세요
이 세상 온 이유는
行의 실천입니다
실천은 行에 行이 없습니다

감.사.합.니.다

175

무병장수란

티끌 없는 마음자리입니다

티끌 없는 마음은 청정심에서

시작입니다

청정심은 마음 병을 못 고칠 것이 없습니다

감.사.합.니.다

사람은 원래 병을 낫게 하는
힘을 가지고 있습니다
진정한 의사는 내 안에 있습니다
내 안의 의사가 고치지 못하는 병은
그 어떤 명의도 고칠 수 없습니다

감.사.합.니.다

세상에서 가장 아름다움은
기다리는 마음입니다
조바심 갖지 마세요
때가 되면 열매도 맺혀지듯
기다리다 보면 저절로 이루어집니다
욕심과 집착에서 벗어나면
기다림은 정말 아름다운 시간입니다
'기다림의 미학'
아름다운 시간입니다

감.사.합.니.다

참회하고 참회하라
참회는 사람의 길입니다

비우고 또 비워라
비움은 지혜의 원천입니다

사랑하고 사랑하라
사랑은 생명의 근원입니다

감.사.합.니.다

179

道

구하는 자에겐 멀어지고
순리를 따를 자에겐
하나가 되는 것이오
찾지 말고 구하지 마세요
行할 때 저절로 하나가 되는 것이오

감.사.합.니.다

180

無

사람 마음의 근본이며
마음의 울타리가 없다는 것입니다
마음이 있고 없음을 떠난 자리입니다
개체의 생각과 아상마저 떠날 때
이루어지는 마음자리입니다
진정 개체의 벗어남의 흔적입니다

감.사.합.니.다

명상은
나를 바꿀 수 있는 위대한 行입니다

명상은
세상을 바꿀 수 있는 위대한 철학입니다

명상은
나를 찾을 수 있는 위대한 지혜입니다

감.사.합.니.다

182

스포츠 명상

자신을 이겨야 한다
즐길 수 있어야 한다
배려할 수 있어야 한다
감사할 수 있어야 한다
자신의 마음조차 없어야 한다

감.사.합.니.다

한의사 명상

공의 마음 갖고
공의 자리에 있으면
못 볼 병이 없다

"일침이 만침이요 만침이 일침이라"

지혜의 선정에서
생명의 흐름은 화수분과 같아
못 볼 것이 없다오

감.사.합.니.다

184

비움이란
매듭을 풀어가는 데 있습니다
마음 깊숙이 잠겨 있는 감정을 끌어내는 것입니다
감정을 푸는 것은 용서를 구하는 데 있습니다
살아오면서 맺힌 마음을 해결하지 못하면
마음은 항상 무거움에 눌려 숨조차 쉬기 어렵습니다

그러다 보면 마음의 병이 생기는 것입니다
마음 병의 원인은 쌓여 있는 마음이 원인입니다
내가 만든 매듭은 누가 대신할 수 없는 것입니다
하심의 마음으로 하나 하나 풀어보세요
어느 순간 마음이 하늘을 날아가는 만큼
가벼움을 느낄 것입니다

감.사.합.니.다

185

경영이란
무엇으로 경영하는가 ?
자신의 마음 쓰는 데부터
경영의 시작입니다
마음을 어떻게 경영하느냐에 따라
이익이 좌우될 것입니다
세상에서 이익은 돈으로 시작되는 것이 아닙니다
경영에서 이익은 사람 경영에서 시작입니다

경영의 첫 번째는
사람의 만남으로 시작되는 것입니다
사람을 어떻게 생각하느냐에 따라
경영의 척도가 시작되는 것입니다
자신의 마음이 경영의 시작입니다
그대의 마음에서 세상은 시작입니다

감.사.합.니.다

결혼

사랑을 담는 곳을 찾는 행위입니다
둘이 하나가 되는 약속입니다
하나라는 것은 상대 중심으로 하나인 것입니다
결혼의 본질은 배려 속에 하나인 것입니다
연애시절의 마음이 결혼의 울타리에서 잊혀지면
결혼은 절망 속에서 힘들어집니다
"연애는 천국이요"
"결혼은 암흑(지옥)이라"
연애는 배려심에서 이루어집니다
결혼이 암흑이라 함은
이기심(내중심 집착)에서 시작입니다

사랑은 받는 것이 아니라
주는 것이기 때문에
받음은 탐욕입니다
진정한 사랑은 섬김에서 시작입니다
상대 중심으로 섬기는 마음으로 하는
결혼생활은 영원한 천국입니다

감.사.합.니.다

부부

그대의 만남은 누구의 간섭이 없음이요
그대와 그대의 마음 씨앗으로 만남이요
마음의 씨앗은 사랑의 결정체이라오
씨앗과 씨앗은 닮은꼴이라오
그래서 부부는 하나라고 부르네
상대의 흉이 곧 나의 흉이라오
상대의 마음씨가 나의 마음씨이기 때문에
부부는 이렇다 저렇다 할 말이 없음이오

말이 나오면 그 자체가 나의 허물임을 잊지 마세요
아름다운 부부는 서로의 장점만 이야기하네요
어리석은 부부는 허물만 이야기하네요
나의 마음이 상대의 마음임을 알고
좋은 생각 좋은 마음 아름다운 대화만 하세요
그리하면 그대는 나와 같은 마음 갖고
대화할 것입니다
부부는 하나이기 때문입니다

감.사.합.니.다

태교

농부가 씨앗을 뿌리기 전에 할 일이 있지요
밭을 개간하고 거름을 뿌리지요
그렇게 하여야
풍족한 곡식을 수확할 수 있지요
하물며
세상에 단 하나뿐인 자식 농사는
어떻게 하여야 하겠습니까
자식의 인연은 부모의 선택이 아니고
자식의 선택입니다
선택을 하기 위해선 먼저 부모의 그릇이 필요합니다

부모가 그릇을 만들 때 그것을 담을 수 있는
생명체가 만들어 집니다
부모가 어떤 철학을 가지고 삶을 살아가느냐가
그 생명체를 만날 수 있는 기본이 되는 것입니다
부모님의 마음자리가 지혜롭게 갖추었을 때
비로소 지혜로운 자식을 얻을 수 있습니다
자식은 세상에서 가장 큰 축복이며
가장 큰 선물이기 때문에 부모의 마음자리가
정말 소중합니다

감.사.합.니.다

자식

자식은 감사함의 시작입니다
자식은 소중하고 넘치는 사랑의 시작입니다
감사함은 모자람에서 부족함에서 시작입니다
자식이 완전하다면 그 아이는
그대의 자식으로 오지 않았습니다
부족함에서 그대의 자식으로 이 땅에 태어났습니다
부모 역시 부족함에 이 땅에 태어났습니다

부족함에 부모와 자식 인연의 시작입니다
인연의 만남에 서로 모자람은 사랑하고
아끼며 사랑의 힘으로 부족함과 모자람이 채워집니다
사랑의 이름으로 눈높이를 맞추고
소통하였을 때 참으로 부모 노릇을 하는
첫 번째 조건임을 잊지 마세요

감.사.합.니.다

190

자신을 사랑하는 사람이
상대를 사랑합니다
한 호흡에 감사하세요

감.사.합.니.다

191

빈손으로 와서
빈손으로 갈 것을
무엇을 가지려고
이다지 힘들게 살고 있소
어차피
빈손에서 빈손 아니오

감.사.합.니.다

192

빈 배

빈 배는 말이 없소 그냥 그대로 거기에 있을 뿐

사공은 이리저리 원하는 곳으로

끌고 갈 뿐 빈 배는 말이 없소

마음도 없소

그냥 그 자리에 있을 뿐

사연 많아 조건이 많아 이리저리 돌아갈 뿐

빈 배는 말이 없소 그냥 그대로 거기에 있을 뿐

무슨 사연이 많아 이리저리 헤매일까

생각이 많아 이리저리 왔다 갔다 할 뿐

원래 빈 배는 그 자리에 그대로 있을 뿐

사연 따라 사연으로 돌아갈 뿐

원래 그 자리 그곳일 뿐

그냥 빈 배일 뿐

사공아!

감사합니다

193

꽃 내음 나네요!
향 내음 나네요!
자비광명 나네요!

꽃님아!
너는 어찌 이 세상에.
아름다운 꽃 내음 내느냐
내 생명 버리고 나니
세상에 꽃 내음 난다네

향님아!
너는 어찌 이 세상에
거룩한 향 내음 내느냐
내 몸 바치고 나니
세상에 향 내음 난다네

광명아!
너는 어찌 이 세상에
눈부신 빛을 밝히느냐
어둠이 있기 때문이다
어둠은 하심이어라
하심은 자비심에서 이루어집니다

감.사.합.니.다

찰나의 미소는
만법입니다
찰나의 미소는
삼라만상입니다
찰나의 미소는
생명입니다

감.사.합.니.다

지혜마당은

정법이고 만법입니다.

깨달음은 공식입니다.

깨달음은 수학이고 과학이고

철학입니다.

식을 풀다 보면 깨달음은

저절로 다가오는 것입니다.

깨달음은 결코

어려운 것이 아닙니다.

공식만 알면 저절로 깨달음을

경험합니다.

8주만 수행하면

'생.사.일.여'를

경험할 수 있습니다.

수 · 행 · 프 · 로 · 그 · 램

◇**평일반** : 월요일~금요일 (4박 5일)   ◇**주말반** : 금요일~일요일 (2박 3일)

구분	시간	일정
1일차 (월요일)	08:00	접수 및 방배정 명상수련원 안내 명상예절과 주의사항 안내
	12:00	점심식사
	14:00	명상이론 강의
	15:00	오후명상
	18:00	저녁식사
	20:00	저녁명상
	24:00	취침(자유명상)
2~4일차 (화·수·목요일)	04:00	기상
	05:00	새벽명상
	07:00	아침식사
	09:00	오전명상
	12:00	점심식사
	14:00	오후명상
	18:00	저녁식사
	20:00	저녁명상
	24:00	취침(자유명상)
5일차 (금요일)	06:00	기상
	07:00	아침식사
	08:00	아침명상
	09:30	퇴소식 (소감나누기, 개인면담, 소감문작성 등)
	12:00	퇴소(수련을 마치며...)

※**준비물** : 세면도구, 수건, 슬리퍼, 개인컵, 필기도구, 간편한 의복, 방석
※**일요일 입소 가능**

지혜 그리고 향꽃

ⓒ 이향순, 2024

초판 1쇄 발행 2024년 5월 22일
3쇄 발행 2024년 12월 10일

지은이   이향순
펴낸이   이기봉
편집   좋은땅 편집팀
펴낸곳   도서출판 좋은땅
주소   서울특별시 마포구 양화로12길 26 지월드빌딩 (서교동 395-7)
전화   02)374-8616~7
팩스   02)374-8614
이메일   gworldbook@naver.com
홈페이지   www.g-world.co.kr

ISBN   979-11-388-3841-2 (03190)

지혜마당
· 강원특별자치도 홍천군 영귀미면 월운로413(월운리 334-4)
· 전화번호 010 - 9574 - 5225